LAURENČHET 1989

L'ART DU BIEN-JOUER

A

LA ROULETTE.

Afin que le public ne soit pas exposé à acheter des contrefaçons dans lesquelles l'inexactitude des calculs ou des tables aurait de faux résultats, on le prévient que chaque exemplaire, dont deux ont été remis au dépôt du gouvernement, est signé des lettres initiales du nom de l'éditeur, accompagné de son cachet, et qu'il poursuivra les contrefacteurs conformément aux lois.

DE L'IMPRIMERIE DE C. FARCY,
RUE DE LA TABLETTERIE, N° 9.

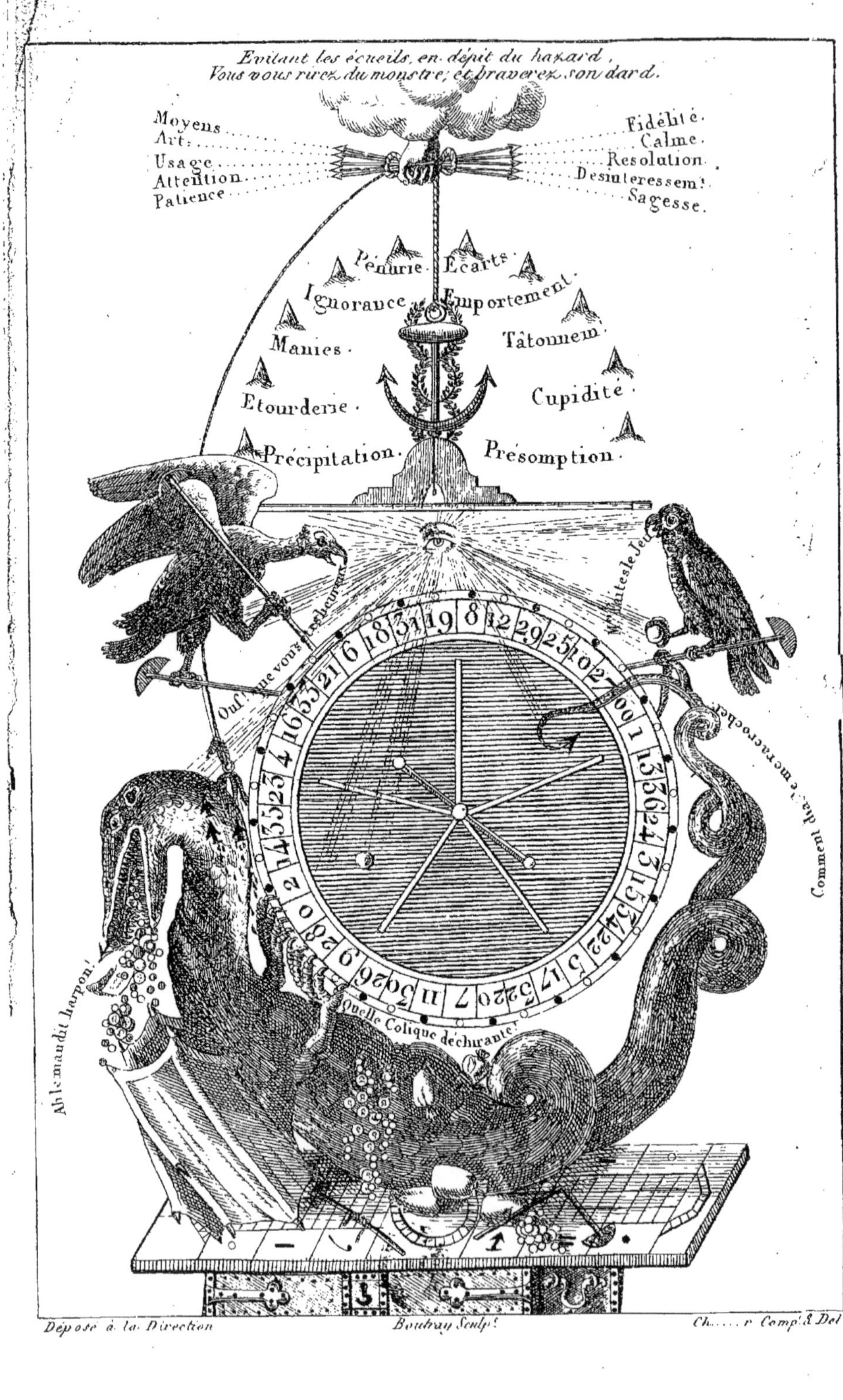

Evitant les écueils, en dépit du hazard,
Vous vous rirez du monstre, et braverez son dard.

Moyens
Art.
Usage
Attention
Patience

Fidélité.
Calme
Resolution
Desinteressem.t
Sagesse.

Pénurie Ecarts
Ignorance Emportement
Manies Tâtonnem.t
Etourderie Cupidité
Précipitation Présomption

Ouf! que vous m'achevez
N'entesle Jeu
Comment vas m'escroche?

Ah! le maudit harpon!

Quelle Colique déchirante!

Déposé à la Direction

Bouhray Sculp.t

Ch......r Comp.t & Del.t

L'ART DU BIEN-JOUER

A

LA ROULÉTTE,

OU

Principes raisonnés des chances, de leurs périodes, retards, maturité et limites, confirmés par une expérience primitive sur 100,000 coups, et tout récemment par les résultats obtenus sur une collection de vingt-une séances entières (de midi à minuit) à la même maison, à la même table, et à l'épreuve de tout contrôle.

Suivi de plusieurs méthodes éprouvées pour jouer avec un avantage notable et avec peu de fonds.

Cet ouvrage est terminé par des Cartes à marquer perfectionnées, au moyen desquelles les principales chances de la Roulette présentent d'un premier coup-d'œil leur côté faible et attaquable.

PAR J. B. CH......

QUATRIÈME ÉDITION.

Prix : 3 fr.

En dépôt chez M. Chamois, rue St. Marc, n° 17 au 5ᵉ ; près le passage des Panoramas.

Et chez les libraires ci-après :

HAUTECŒUR, rue du Coq-St.-Honoré.

PETIT, Palais-Royal, grande galerie.

GARNIER, id. en face de la Cour des Fontaines.

On trouve audit Dépôt des Cartes à piquer pour toutes les chances, et au choix de l'amateur.

1828.

L'ART DU BIEN-JOUER

LA ROULETTE,

PRÉFACE.

Trois éditions de cet ouvrage se trouvant épuisées, je me fais un devoir de répondre à la confiance publique, en émettant la quatrième qui, j'ose l'espérer, sera aussi favorablement accueillie que les trois précédentes. La publication de cet ouvrage a pour but, je le répète, de combattre les opinions reçues à l'égard des jeux de hasard; de présenter des principes nouveaux; d'esquisser le tableau des défauts des joueurs; de décrire le cercle des révolutions de la Roulette; d'établir un système exécutable; de prescrire enfin les règles de conduite à tenir au jeu. Les lois physiques et mathématiques, confirmées par l'expérience, m'ont donné les résultats d'après lesquels j'ai obtenu ce régulateur.

On voit généralement dans les jeux de hasard des effets si surprenans, qu'il serait impossible de trouver des moyens pour s'en rendre maître. Si l'on peut me refuser les lumières suffisantes, lumières que je n'ai pas la prétention d'avoir, on y connaîtra du moins mon zèle, et on ne me contestera pas la justesse des règles que j'applique à des principes reconnus.

La compensation et l'équilibre dans l'objet que je traite ne sont pas de vaines théories, et les corollaires qui en découlent sont positifs : il faudrait, pour les nier, que les causes fussent subordonnées à leurs effets; ce qui serait absurde, car, en tout mouvement, le moteur donne l'impulsion et ne la reçoit pas.

A cette occasion je fais remarquer que, lors de la création de la Roulette, ce qui devait constituer les avanta-

ges des fermiers de ce jeu, pour faire face à tous les frais
et leur procurer des bénéfices immenses, étaient en première ligne les zéros; ils devaient en calculer le produit, établir une balance spéculative entre la recette et
la dépense. Or, s'il a été possible de faire ce calcul,
pourquoi n'y aurait-on pas pu soumettre aussi bien les
prérogatives du ponte, qui feront l'objet du chapitre II,
et qui ne sont nullement illusoires?

La base sur laquelle je fonde mon système, est fixe et
invariable, mes données authentiques, et l'expérience
faite encore, depuis l'existence de cet ouvrage, sur
vingt-et-une séances entières, les ont confirmées. Je di-
rai en outre que, si on les a portées et closes à vingt-et-
une, c'était pour se procurer mille révolutions pour
chacun des 38 numéros de la Roulette; cette entreprise,
aussi fatigante que dispendieuse, produisit une masse
compacte de 39835 coups; j'y attache d'autant plus
d'intérêt que, recueillis sans interruption et dans le même
lieu, je la considère pour leur ensemble et pour
exactitude comme un document précieux.

Le lecteur impartial méditant sur mes principes et sur
les conséquences qui en dérivent, saura les apprécier;
je n'attends pas la même justice de la part de ces
sceptiques qui, infatués de vieux préjugés, nieront

Nombre de boules sorties par jour pendant les vingt-et-une
séances.

			26735		26736
1er jour	1885	8me jour	1796	15me jour	1610
2me	2109	9me	1750	16me	1881
3me	2200	10me	1700	17me	1951
4me	1873	11me	2066	18me	1897
5me	1788	12me	1938	19me	1773
6me	1701	13me	1856	20me	1984
7me	1949	14me	2125	21me	2003
	13505		26736		39835

toute possibilité d'établir des règles de cette nature. Cependant tout m'a démontré que la marche du hasard, quelque bizarre qu'elle soit, pouvait être suivie, non dans toutes ses tortuosités, mais dans des points de rencontre, qui suffisent pour vous conduire au terme que vous cherchez à atteindre. On juge très superficiellement une infinité d'effets dont les causes restent inconnues à la paresse ou à la prévention : et il est certain qu'on voit souvent des événemens qu'on attribue à une cause occulte ou au hasard, jusqu'au moment qu'un observateur, par de nouvelles recherches, ait découvert les lois auxquelles ils sont assujettis, qui ait établi des principes et déduit des règles d'après lesquelles les effets les plus surprenans sont à la fin reconnus fort naturels, même reproductibles par l'art. Je passe à d'autres considérations.

Lorsque je commençai à rassembler et à classer mes matériaux, je ne me dissimulai pas combien mon entreprise était difficile, et peut-être téméraire, bien que je n'eusse rien à redouter tant sous le rapport moral que sous celui de la solidité de mon système; mais le titre seul ne semblait pas militer en faveur de son succès.

Plusieurs écrivains distingués, mûs par des sentimens louables sans doute, ont écrit contre les jeux ; la morale la plus admirable, les exemples les plus touchans ont fait les efforts les plus courageux dans l'espoir de détruire *ce vice*. Mais ni leurs démonstrations forcées, ni leurs tableaux effrayans n'ont pu opérer de conversion ; je pense qu'ils eussent mieux fait de modérer leur langage : un raisonnement simple et calme, se serait fait entendre, au lieu qu'une censure trop rigide humilie, et des reproches irritent, sans corriger.

J'ai souvent réfléchi sur l'état de la question et me suis dit : ne ferait-on pas mieux dans l'espoir de réprimer une passion, de commencer par contenir en soi-même tout mouvement passionné; d'abandonner tout discours métaphorique, tenir au joueur un langage qui lui serait familier, et se rendre par là maître de son attention? ne faudrait-il pas plutôt paraître partageant sa faiblesse, que le heurter dans son goût dominant? a cet effet parlez avec ménagement de ses défauts, raisonnez avec lui comme un homme initié dans ses calculs, donnez des règles pratiquables et peu dispendieuses; comptez avec lui, et attirez-le sur un terrain qui puisse concilier ses intérêts et ses habitudes; ne vous pressez pas de lui en démontrer l'impossibilité, mais tendez habilement à le mettre dans une position telle qu'il sente par lui-même et par l'effet de ses propres essais et réflexions, combien il y a de difficultés à vaincre, et à combien de dangers il s'expose, s'il s'y livre avec une trop crédule opiniâtreté. L'amour-propre sera sauvé, et vous aurez déjà beaucoup obtenu; car on doit traiter les hommes tels qu'ils sont, et savoir que là où il y a défense et opposition très formelle il y a appât et résistance opiniâtre, ce qui porte généralement à faire ce qu'on voudrait empêcher avec trop de chaleur, surtout si vous attaquez le côté de l'ambition et des plaisirs. Apprenez donc au joueur, à bien jouer; ceux qui auront éprouvé quelques désastres par leurs fautes, se guériront plus vite de leurs illusions que par les exhortations les plus pathétiques. Cette tâche m'était peut-être réservée; heureux si j'atteins ce but, mais je n'ose pas encore m'en flatter.

FIN DE LA PRÉFACE.

AVANT-PROPOS.

Dès ma jeunesse, les sciences physiques et
mathématiques fixèrent mon attention , et
les expériences que j'en faisais n'avaient d'at-
trait pour moi qu'autant qu'elles produisaient
des effets extraordinaires dont j'essayais à
découvrir les causes : ce goût naissant s'accrut
et se fortifia avec l'âge.

Je fus guidé dans mes études par un pro-
tecteur lieutenant-colonel d'un corps mili-
taire distingué, dans lequel l'étendue de ses
connaissances lui méritait une haute réputa-
tion : c'était un excellent officier sous tous
les rapports.

Plusieurs années s'écoulèrent sous les yeux
de ce chef qui, content de mes progrès et de
mon goût pour les armes, me prit en affec-
tion, et pour mieux m'attacher à lui, prépara
mon instruction de manière à pouvoir me
présenter à l'examen, et me proposer dans
son corps, où je fus admis au commencement
de la révolution. Mon entrée en campagne
suivit immédiatement ma nomination.

C'est alors que, lancé d'un cabinet paisible

dans un camp tumultueux, j'eus à plier mes habitudes à ce nouveau genre de vie; l'effort ne fut pas grand, parce que les scènes que ma position me mettait à portée de voir piquèrent ma curiosité, donnèrent de l'essor à mon imagination et me conduisirent à faire des recherches que je tournai d'abord vers les combinaisons et les chances auxquelles la guerre donne lieu. Il ne me manquait pas de matériaux pour ce travail, mais le temps dont je pouvais disposer ne me suffisait pas, et le champ me parut encore trop vaste pour oser l'entreprendre.

D'autres essais analogues à mes dispositions furent l'objet de mes études passagères et souvent interrompues, jusqu'au moment où les circonstances m'attachèrent particulièrement à l'étude des jeux de hasard.

Les quartiers d'hiver et les suspensions d'hostilités permettant aux officiers de se livrer aux amusemens qui leur conviennent, je remarquai que les jeux tiennent le premier rang. Je profitai en conséquence de cette occasion, et je suivis de préférence ce genre de récréation. Je les fréquentai, non dans l'intention de jouer, mais pour observer les effets du hasard, dans l'espoir de découvrir quelques règles.

Je commençai par annoter régulièrement tous les coups, et me créai une méthode pour classer avec ordre toutes les combinaisons suivant leurs diverses formes, et en même-temps pour rendre mon travail plus facile. J'en faisais ensuite le dépouillement pour en connaître les périodes et le terme moyen, ainsi que les limites, tant ordinaires qu'extraordinaires, et afin de pouvoir établir une base d'après laquelle je déterminerais une analyse.

Je m'associai pour cette opération de quelques camarades intelligens, sur l'exactitude desquels je pouvais compter. Nous recueillîmes plus de cent mille coups de jeu, qui n'eurent d'autre interruption que celle des séances.

Je voulus m'aider dans mon pénible travail en cherchant des lumières dans les opuscules qui traitent de semblables sujets, mais je m'aperçus bientôt de la fausseté de leurs systêmes qui, n'étant établis sur aucun principe positif, m'auraient infailliblement plongé dans le chaos dont je commençais déja à sortir.

Seul, et sans autre guide que l'expérience que j'avais déjà acquise, je continuai mon travail en dépit des difficultés nombreuses

que je rencontrai. La paix venant de se con-
clure, et après avoir partagé, pendant plusieurs campagnes, les dangers et la gloire
des armées françaises, je me retirai du ser-
vice, et je me fixai à Paris.

Mes loisirs et les moyens que me procurait
cette capitale réveillèrent mes premiers goûts,
et me portèrent à reprendre mon travail
sur les jeux de hasard auxquels je me livrai
avec une nouvelle ardeur. Plusieurs ouvrages,
d'ailleurs bien écrits, qui étaient en opposition avec l'idée que je m'étais formée des
principes de ces jeux, me tombèrent dans les
mains ; ils me firent faire à la vérité de sé-
rieuses réflexions, mais ils ne parvinrent
pas à me convaincre ni à me faire changer
d'opinion : je persévérai dans mes opéra-
tions ; mais il me parut utile de renouveler mes
épreuves sur les lieux, et d'employer tout le
temps nécessaire pour me donner une masse de
révolutions afin de compléter mes expériences.

Je surmontai la répugnance que j'avais à
me mettre en évidence dans ces maisons où
l'oisiveté et la cupidité forment les élémens
de son existence, et où l'homme vertueux
trouve les moyens de séductions propres à
lui faire contracter des habitudes qui ne con-

viennent qu'à de certaines classes de la société.

Les notes et les observations nombreuses que je recueillis jetèrent un si grand trait de lumière sur les connaissances antérieurement acquises, que je fus conduit naturellement à donner à mon traité toute la perfection dont il me parut susceptible, et de prendre *sur le fait*, ce que vulgairement on appelle *hasard*.

J'y étais en outre encouragé par l'intime conviction où j'étais, que mon systême, dont je faisais journellement l'épreuve, et dont je tirai plus tard un parti avantageux, reposait sur des principes certains et incontestables.

On pourra reconnaître dans l'analyse que je présente, le résultat évident d'un long et pénible travail, et d'une collection immense de matériaux qui ont servi à l'établir.

En le publiant, je ne prétends pas vouloir ruiner des établissemens qui ont été jugés nécessaires, et qui sont d'ailleurs autorisés. Dans tous les cas, il restera assez de faux spéculateurs et assez de brûlots pour leur continuer le degré d'opulence dont ils jouissent. Une légère saignée faite de temps à autre pourra même leur être salutaire, parce que le gain des joueurs méthodiques servira d'appât à cette foule qui ignore la science *du bien-jouer*, et n'attribuera qu'à un heureux hasard ce que de bons principes et une conduite prudente ont pu seules produire.

Sentant la nécessité d'éviter tout argument scientifique, toute démonstration superflue ou oiseuse, je me suis borné dans ce petit traité à ne donner que les développemens nécessaires et indispensables pour mettre le lecteur à même de connaître les bases sur lesquelles j'ai fondé mes principes. Pour en faire la juste application et aider son intelligence, j'ai divisé mon ouvrage en autant de chapitres que la nature des objets qu'il traite l'exigeait, afin de le conduire plus facilement et plus promptement à la connaissance parfaite de mon système ainsi que des règles qui en dérivent.

L'ART DU BIEN-JOUER

A LA

ROULETTE.

CHAPITRE PREMIER.

Réflexions sur les Jeux de hasard.

Sɪ les jeux de hasard sont réputés dangereux, c'est que les joueurs ne savent pas se
gouverner, ou emploient des moyens qui,
au lieu de les favoriser, ne font qu'accélérer
leur chûte.

S'ils s'abandonnaient, machinalement, au
cours naturel de la chance qu'ils ont entreprise, la compensation rétablirait leur position
dans son état primitif : la perte égalerait le
gain.

L'on pourrait cependant se convaincre, sans
de profondes méditations, que le banquier
d'un jeu de hasard, où il n'y aurait pas de ré-
serve en sa faveur, serait plus exposé que le
joueur ; car celui-ci pouvant quitter le jeu
en cas de gain, ou le suspendre en cas de
perte, qui peut observer la révolution pour
la reprendre au retour présumable de la

chance récalcitrante, a incontestablement un avantage sur son adversaire; c'est une vérité si claire qu'on entreprendrait en vain de la réfuter.

Il n'en est pas ainsi des jeux où il y a privilége en faveur de la banque, comme les refaits, zéros, etc. Quoique le même principe existe dans ces derniers aussi bien que dans les précédens, les gains éprouvent des prélèvemens partiels, pendant que les pertes tombent intégralement dans le gouffre du tapis vert. Le joueur, une fois en arrière, ne parvient plus à se couvrir par des gains intermittens, à moins d'un coup inattendu, et improbable; et plus il s'opiniâtre, plus il court à sa perte ou augmente sa disgrace.

Le jeu de la Roulette présente cet inconvénient; les zéros dévorent généralement en peu de temps le bénéfice obtenu ou empêchent de l'obtenir. Ils sont encore dans une proportion plus désavantageuse pour les combinaisons des numéros du tableau, ce qui ne paraît pas plus juste. Ainsi, le nombre des perdans doit être plus fort que celui des gagnans, ou, ce qui revient au même, la somme des bénéfices réunis des joueurs doit être inférieure à celle des pertes, puisque pour constituer l'avantage du banquier, il faut retrancher du gain et ajouter à la perte dans un rapport relatif à la rapidité et à la durée de la circulation qui, étant toujours continue, ne fera trouver en dernier résultat que des perdans.

On sait que la Roulette et les autres jeux publics, procurent des bénéfices considérables au détriment des joueurs, puisque, par les avantages qu'ils en tirent, se trouvent assurés et payés, locations, bois, lumière, entretien de toute espèce, droits, etc., salaire de nombreux employés, agens, gardes et servans; et malgré l'énormité de ces dépenses, tant de nécessité que de luxe, les entrepreneurs y font encore des fortunes colossales, qui s'étendent, et qui se renouvellent en faveur de tous leurs successeurs. Mais, si déjà les zéros ne suffisaient pas pour opérer des résultats si étonnans, la conduite des joueurs y ajouterait encore prodigieusement par les fautes qu'ils commettent et par leur manque de tactique. La majeure partie d'entre eux s'écarte toujours de la vraie route qu'ils devraient tenir, soit par avidité ou par passion. Les plus heureux finissent par reperdre l'argent qu'ils ont gagné, tandis que les autres, dont le nombre est bien plus grand, sont décavés de tout ce qu'ils ont apporté; si ce n'est du jour même, c'est du lendemain. L'ignorance d'une bonne méthode, mais ordinairement l'opiniâtreté produisent ces malheureux effets.

Si par l'irréflexion ou par l'éblouissement de l'or qui est étalé aux yeux des joueurs, ceux - ci s'en vont la bourse vide, il en est une certaine classe qui se précipite encore plus profondément dans l'abyme; ce sont les demi - savans, qui veulent créer des marches, qui s'attachent aux effets qu'ils ont remarqués dans quelques parties de séance, qui tourmentent une couple de cartes pi-quées, et qui croient avoir trouvé par-là une méthode certaine, *infaillible* pour gagner.

Un joueur de ce genre peut à peine attendre l'heure de l'ouverture des jeux. Il jette avec une risible assurance sa pièce sur le tapis ; le coup manque, il double et redouble, il veut forcer le retour de sa chance ; mais toutes ses mises vont se réunir aux monceaux qui entourent le cylindre. Il soupire, mais il ne désespère point de réparer, le lende-main, ce malheur. C'est la fatalité qui m'a poursuivi aujourd'hui, se dit-il ; mais ma marche est bonne. Malheureusement, le lende-main, une petite rentrée l'amorce de nouveau et retrempe son courage et son espoir : alors aucun effort ne lui coûte, il couvre le tapis de ses pièces, et laisse à peine de la place

pour distinguer les numéros ; l'on dirait que
les écus qui sont dans sa main l'embarrassent,
il reperd tout ; enfin il revient à la maison
tout comme il y était revenu la veille. Dans
l'aveugle confiance de regagner, au moins,
l'argent perdu, il fait des sacrifices, il subit
encore le même sort que les jours précédens,
jusqu'au point qu'il se voit réduit au dernier
dénuement. Loin de déplorer son ignorance
et son entêtement, il regrette de n'avoir plus
de ressource pour tenter de nouveau la for-
tune, qui lui serait encore infidèle.

D'autres joueurs ont la bonhomie de croire
que tel numéro a tel satellite qui ne le quitte
pas, que telle transversalle est régulièrement
favorable, etc. Ils raisonnent sur la sympathie
de certaines chances résultant de la division
des numéros dans le cylindre ; ils observent
la manière dont chaque tailleur a l'habitude
de lancer la petite boule ; enfin il n'y a pas
d'absurdités et de puérilités que beaucoup
de joueurs, d'ailleurs, gens de bon sens,
n'inventent pour se tromper eux-mêmes et
leurs crédules auditeurs.

Mais, ils ne savent donc pas, ou ne veulent
pas savoir, que tous les numéros, que toutes les
couleurs et faces de combinaison, sans la plus
légère exception, ont leur apparition, leur

absence et leur retour ; que toutes s'épuisent après avoir fourni au-delà de la proportion, et que toutes réparent leur paresse passée ; enfin, qu'aucune d'elles n'est favorisée que pour le moment, et s'il y a anticipation d'une part, il y a retenue de l'autre, et compensation par-tout.

Que l'on se donne la peine de compter les noirs et les rouges, les pairs et impairs, etc., les transversalles, les colonnes, pendant un certain temps, comme nous avons eu la constance de le faire, et l'on aura la certitude qu'il règne dans leurs cours un accord parfait qui étonnera l'homme ordinaire, mais qui paraîtra tout naturel, forcé même, à l'observateur éclairé, parce que celui-ci connaît les lois auxquelles les jeux de hasard sont inséparablement liés.

CHAPITRE II.

Quels sont les avantages des Pontes sur la Banque.

Si la banque possède l'avantage des coups réservés, il s'en faut de beaucoup qu'elle n'ait de fortes entraves et qu'elle puisse résister aux coups que le ponte peut lui porter. En effet, étant passible et permanente, et ne pouvant prescrire aucune règle de conduite aux joueurs, elle est encore réduite à une défensive trop uniforme et bornée pour la garantir des revers qu'une attaque bien dirigée peut lui faire essuyer.

Le joueur réfléchi, a la faculté d'attendre les momens propices pour découvrir un faible quelconque; il peut se mettre en mesure et choisir ses points et moyens de surprise; il n'est tenu de commencer son jeu qu'au moment de la maturité de la chance restée absente; il peut planer sur toute la surface du jeu pour le suivre dans tous ses détours et toutes ses révolutions; enfin il est à même de connaître la situation de tout le jeu.

Un joueur attentif et intelligent, sait saisir le premier vide qui se présente; soit dans une chance, soit dans une autre, il peut graduer ses mises, et rien ne l'empêche de se retirer en cas de gain. La banque, au contraire, ne peut exiger de revanche, ni contraindre le ponte de continuer; tout murmure à ce sujet lui est même interdit.

Les zéros sont sans doute d'une considération majeure; mais nous avons des preuves qu'ils ne sont pas un si grand sujet de crainte pour le joueur sage et méthodique, qui sait apprécier les moyens qu'il a contre eux, et qui sait tirer tout le parti de sa prérogative. Il parvient non-seulement à les neutraliser, mais encore à obtenir de l'avance sur les périodes et à ramener le retour des chances en sa faveur. Nous avons long-temps fréquenté le jeu, moins comme joueurs que comme observateurs; nous avons eu le loisir de voir ses bizarreries de toute espèce, et de suivre ses révolutions dans toutes ses phases. Nous avons acquis la conviction, et il nous est démontré, qu'un joueur qui posséderait les qualités morales que nous lui recommandons dans le cours de ce traité, et qui suivrait rigoureusement les règles que nous lui donnons, la banque ne ferait pas tant de brillantes affaires, ce joueur lui deviendrait redoutable, et cela

avec d'autant plus de raison, que si une asso-
ciation puissante s'avisait de monter une
contre-partie, fermement soutenue, froide-
ment exécutée, elle contrebalancerait les
avantages de cet établissement, et lui prou-
verait par le fait tout le pouvoir d'une bonne
combinaison.

Mais, en général, les personnes qui fré-
quentent les maisons de, jeu n'ont pas l'habitude d'une application studieuse. Elles n'ont
aucune notion des principes ou n'en ont
que d'imparfaites; elles s'engagent à l'aventure
dans des jeux faciles où le prestige tient lieu
de règles; elles manquent de modération et
de discernement; comment, avec des défauts semblables, le jeu pourrait-il leur être
favorable ?

Ces joueurs, empressés de se mettre en
action, s'aveuglent sur tout évènement qui
pourrait détruire leur espoir; ils se laissent
aller au hasard, jusqu'à ce que leurs moyens
trop peu ménagés, et audacieusement pro-
digués, s'épuisent et les empêchent d'arriver
à un dénouement décisif et favorable ; alors,
stupéfaits du contre-temps, ils s'en prennent
à leur mauvaise étoile, pendant que c'est
l'effet de leur ignorance et de leur cupidité.

L'ambition et la passion ont presque tou-

jours fait reperdre les avantages que les combinaisons les plus heureuses avaient procurés,
et ont de plus conduit le joueur immodéré
à la plus fâcheuse situation : ces fautes, sur
lesquelles les banquiers comptent beaucoup
plus que sur les zéros , leur sont du plus
grand rapport, ainsi que nous l'avons déjà
dit plus haut.

Nous ne saurions trop répéter que le joueur
qui ne prend pas pour première règle de conduite le calme et la prudence, court à sa
ruine, et malgré toute l'intelligence et toute
la connaissance qu'il pourrait avoir d'une
bonne méthode, on ne doit point supposer
qu'il la suive avec exactitude.

Dans le nombre, cependant, il s'en trouve
qui ont un caractère tout opposé à celui des
premiers que nous avons dépeints avec des
couleurs bien défavorables , il est vrai ; mais,
si tous les mauvais joueurs n'ont pas ces
vices réunis, plusieurs pourront se reconnaître dans le tableau que nous en avons
fait. Mais nous disons aussi qu'il y en a de
fort bons, ceux-ci font un bénéfice constant au jeu ; d'autres ajoutent par ce moyen
à leur revenu annuel ; quelques-uns enfin
n'ont pas d'autre existence depuis plusieurs
années qu'ils ne font que jouer, et vivent bien.

Comment font-ils ? Ils sont froids, fixent autant que possible le bénéfice qu'ils ont à
faire dans le cours d'une séance, et savent se
borner ; ils savent que chaque coup de gain
est un pas vers la perte ; ils ne se laissent
pas séduire et n'ont pas la prétention de
faire sauter la banque, ils la ménagent même
dans leur intérêt et la considèrent comme
une bonne vache à lait qu'il faut laisser pâtu-
rer paisiblement dans un pré gras, pour en
obtenir un aliment assuré.

Les banquiers connaissent bien ces joueurs ;
mais, ne pouvant pas empêcher de se voir
soutirer aussi régulièrement une portion de
leur produit journalier, les supportent dans
le silence et se dédommagent de cette dis-
traction par les étourderies des autres joueurs.

Nous en connaissons qui possèdent l'art
de bien jouer, sans avoir de principes ; c'est
un don qui leur est naturel. Ils n'ont pas
de système fixe, mais ils observent les coups
et les diverses périodes ; ils ont une mémoire
heureuse, un tact local. Ils ont particulièrement la qualité précieuse de savoir se possé-
der ; pourquoi alors des gens exempts de
passions, pourvus d'intelligence et de connaissances exactes, ne pourraient-ils pas réduire en méthode ce que pratiquent ceux-là

par pure routine, et en obtenir le même succès?

On voit souvent des évènemens qu'on attribue au hasard, jusqu'au moment où les recherches d'un observateur pénétrant en ait découvert les causes, et ait établi des principes d'après lesquels les effets les plus surprenans en apparence, sont reconnus par lui assujétis à des règles.

CHAPITRE III.

De l'usage de la carte à marquer.

Le grand et inappréciable avantage de cette carte, est de voir d'un coup-d'œil tout ce qui passe au jeu, d'embrasser l'ensemble des combinaisons sur toutes leurs faces possibles et d'en apercevoir à l'instant les côtés faibles et attaquables; de saisir leur retard et leur degré de maturité, et d'avoir la faculté, si dans le même temps plusieurs chances étaient arrivées à leurs limites, d'attendre qu'elles fussent réduites à un moindre nombre, et de gagner par-là une avance d'autant sur les dernières restant en retard.

Nous allons expliquer cette carte et donner les moyens de l'employer sur les lieux : elle est divisée en quatre parties, savoir :

PREMIÈRE PARTIE.

La Table des numéros sortans.

A, B, C. Trois colonnes, contenant chacune trente-huit cases, dans lesquelles on inscrit les numéros, au fur et à mesure de leur sortie.

N. Colonne de numéros d'ordre sur lesquels on doit se régler pour le pointage suivant.

a, b, c. Trois colonnes, dont les cases servent à pointer d'un petit trait le numéro sortant ; ce N° serait par ex. 28 : après l'avoir inscrit à son tour et à sa place dans une des colonnes A, B, C, on le pointe de suite dans la case qui lui correspond, en regard du N° 28 de la colonne N.

La colonne A étant remplie de numéros, et conséquemment celle a, étant pointée, on opère de même pour celle B et b, ainsi que pour C et c.

On a subdivisé les cases des colonnes a, b, c, afin de séparer le pointage des dix-neuf premières sorties, des dix-neuf suivantes.

X. La colonne de l'âge des numéros, lorsque les colonnes A, B, C, donc celles a, b, c, seront, après cent quatorze tirages, à leur fin, on reconnaîtra par le vide du pointage les numéros restés absens.

On y remarquera encore ceux qui auront paru rarement, ou qui sont les plus anciens Enfin, on apercevra par les lacunes que laissera le pointage, les transversales en général qui seront restées absentes, ainsi que les numéros en plein. On portera une marque vis-à-vis le vide qu'elles auront laissé, pour les attaquer lors de leur arrivée à leur maturité, ou les reconnaître si le retard se prolonge à la deuxième carte. On aura soin d'y inscrire l'âge des numéros les plus anciens, qui, par suite, pourront devenir susceptibles d'être joués.

Les règles à cet effet seront données plus loin.

DEUXIÈME PARTIE.

Le Tableau figuré.

Après qu'un numéro sorti aura été inscrit dans une des colonnes A, B, C, et pointé dans une de celle a, b, c, on passera de suite au tableau figuré pour le pointer dans le carré et au-dessous de son N° correspondant.

On commencera à remplir l'intervalle de la bordure du carré à la ligne ponctuée, qui sert pour trente-huit tirages; dont moitié d'un côté, et moitié de l'autre parallèlement.

La ligne ponctuée et celle qui suit, contiendront le pointage des trente-huit tirages suivans; enfin l'espace ménagé entre cette

ligne et la bordure, qui est à la droite du
carré, est destiné aux trente-huit derniers
tirages.

Cette opération est, après celle de la première partie, la plus importante, et mérite
toute l'attention du joueur. Il en résulte l'avantage d'apercevoir et de juger, d'un regard,
toute la situation du jeu; aucune chance
faible ou tardive ne peut échapper à l'œil,
telles que les numéros en plein, deux numéros qui se jouent à cheval, les carrés,
les transversalles, les colonnes, ainsi que les
combinaisons en général.

Si plusieurs chances présentaient alors un
côté faible, et qu'on ne voulût pas les attaquer en même-temps, on pourra, pour les
réduire à deux, même à une seule, attendre le nombre de sorties nécessaires et l'attaquer ; cette mesure serait d'autant plus
profitable, qu'on aurait gagné des coups
au-delà de la maturité ; ce qui rapprocherait
le coup décisif, et rendrait le gain de celle-
là plus probable.

TROISIÈME PARTIE.

Les colonnes et les divisions.

Pour rendre l'effet du tableau, à l'égard

des colonnes 1, 2, 3, et des divisions P, M, D, plus sensible, nous en avons formé deux tableaux séparés, dont les colonnes doivent être successivement pointées à l'instar des parties précédentes.

Chaque division transversalle de ces tableaux doit contenir deux pointages, l'un sur la ligne, et l'autre entre deux lignes.

Par ce moyen, on distinguera facilement l'effet des coups, afin de saisir le moment opportun, soit pour entreprendre une colonne contre deux, ou deux contre une.

L'on pourra y jouer à masse égale lorsque sur trente-huit coups, une des colonnes ou des divisions aura moins de quatre points de sortie, ou bien en jouer deux contre celle qui aurait marqué une prépondérance disproportionnée à l'égard des deux autres.

QUATRIÈME PARTIE.

Cette partie consiste en deux tables : la première est pour les chances simples, qui sont, noir et rouge, pair et impair, passe et manque ; la deuxième est pour les mêmes chances, mais combinées, comme noir, pair et passe, rouge, impair et manque, noir, impair et passe, etc., dont les signes qui sont en tête des colonnes indiquent l'objet.

Ces chances simples ou combinées seront marquées d'une manière semblable à ce qui a été enseigné dans la troisième partie, c'est-à-dire pour les colonnes ou les divisions; et si sur trente-huit coups une des chances a obtenu moins du tiers que la proportion entre elles lui assigne, l'on pourra la jouer à masse égale.

C'est de l'exactitude que l'on apportera dans le pointage de ces quatre parties de la carte à marquer, que dépend tout le succès de l'application de notre système, dont on trouvera les règles dans les chapitres V et VI.

Quant à la forme de la carte, nous avons médité long-temps avant de l'arrêter telle que nous la présentons. Les unes, fort utiles d'ailleurs, eussent été trop étendues, incommodes et eussent exigé une attention fatigante; d'autres plus simples n'auraient contenu qu'imparfaitement les indications dont on a besoin pour juger des coups dans tout leur ensemble.

Nous avons fait usage de cette carte sur les lieux, et en avons reconnu la supériorité sur les précédentes.

L'intervalle d'un tour de Roulette à un

autre, donnera suffisamment de temps pour remplir les divers cadres; mais l'exercice et l'habitude contribueront beaucoup à rendre son emploi facile.

Si le joueur voulait se borner à ne marquer que les parties qui lui conviendraient, il le pourrait sans le moindre inconvénient.

Mais il serait nécessaire qu'on fût deux personnes ; l'une ne ferait qu'inscrire et suivre les coups, prescrire le jeu et les mises, pendant que l'autre placerait les masses et veillerait à l'argent.

A V I S.

Comme le nombre des cartes à marquer qui font suite à ce traité ne peuvent durer que l'espace de trois cent quarante - deux coups, on prévient qu'on peut s'en procurer séparément au dépôt indiqué au bas du titre.

CHAPITRE IV.

Principes sur les limites des chances.

L'APPLICATION à une immense masse de coups que nous avons recueillis avec autant de persévérance que d'exactitude, où toute prévention et amour-propre ont été exclus, nous a évidemment prouvé, depuis vingt ans, que le cours des numéros et des chances, sans exception, est périodique, qu'un régulateur invisible le gouverne, et compense avec impartialité ce que les caprices du moment ont pu produire d'irrégulier; qu'enfin la plus grande harmonie règne dans leur tout.

Pénétré autant que convaincu de ce principe immuable, nos recherches ultérieures se dirigèrent vers les termes où l'excursion des chances s'arrête; et, c'est ainsi que nous avons été conduit à la connaissance des limites tant ordinaires qu'extraordinaires; c'est-à-dire au point qu'elles n'ont pas encore dépassé.

Comme il est constant qu'il existe entre ces limites un terme moyen autour duquel les révolutions se font, il ne l'est pas moins que si chaque chance a ses retards, elle a aussi ses retours, et qu'en outre elle concourt dans une exacte proportion, dans ses apparitions, avec celle qui lui est opposée, ou avec celles dont elle fait partie.

Les relevés des numéros des loteries, qui ont été faits depuis le jour de leur création jusqu'à l'instant où l'on s'occupait de ce dépouillement, viennent à l'appui de cette assertion. Nous avons reconnu que le numéro le plus favorable n'a jamais dépassé d'un quart le plus ingrat, et cela dans une période susceptible d'être jouée et poussée ; mais les gains de ce jeu n'étant pas en rapport avec les mises, toute spéculation fondée sur les meilleurs principes échouerait, puisque la première perte que l'on éprouverait ne pourrait plus être couverte que par l'effet d'un coup inattendu et contraire au calcul des probabilités ; car en gagnant plus de lots que le rétablissement de l'équilibre exigerait, on ne ferait encore que grossir sa perte.

Le jeu de la Roulette, où les zéros ne sont pas dans une proportion si accablante à beaucoup près, est bien plus susceptible d'être joué avec espoir de bénéfice ; il est en outre plus régulier par sa forme, par l'impulsion qu'il reçoit, et par son mouvement de rotation uniforme et non interrompu pendant la durée d'une séance.

Les diverses chances que la Roulette produit ont des périodes que nous avons rangées en trois classes, qui sont : les rapprochées, les moyennes et les éloignées. Les deux premières ont leurs fluctuations plus inégales et plus tortueuses que les dernières, et les zéros exerceraient, sur un jeu qu'on y baserait, une influence bien plus maligne que sur celui qui aurait un terrain moins circonscrit. Dans les périodes poussées au-delà de leur rayon ordinaire, une force motrice tend toujours à faire refluer les chances égarées vers le centre commun, et à rétablir l'équilibre ; chaque retard augmente encore la tension de l'arc jusqu'au moment où il se brise et se précipite dans un cercle d'autant plus resserré que le précédent était étendu ; alors la chance, rentrée dans ses premières bornes, redouble sa marche et compense son absence trop prolongée, par des apparitions plus fréquentes.

On ne saurait combattre ce système, ni soutenir qu'une chance pourrait très-bien rester en arrière pendant un temps indéterminable, à moins de la comparer à une comète qui, après avoir paru, se perd dans l'immensité. Si une chance pouvait éprouver le même sort, ce serait nécessairement l'effet d'un obstacle qu'on ne doit point supposer.

Mais nous osons au contraire la comparer à une pompe aspirante dont le jet ne saurait dépasser la limite qui la met en équilibre avec la colonne d'air; à un fluide, enfin, qui, en se dilatant, peut s'élever jusqu'à une certaine région, pour retomber sur l'élément avec lequel il a son affinité.

L'effet serait plus fort que la cause, et dans les jeux de hasard, qui sont tous rigoureusement subordonnés aux lois du calcul, et où règne une harmonie parfaite, ce serait supposer la possibilité d'une subversion dans leur ordre.

Ainsi, la crainte que l'on pourrait avoir que le retard d'une chance se prolongeât au-delà des limites dans lesquelles nous établissons notre système de jeu, ne serait pas plus raisonnable, à moins cependant, qu'une *cause étrangère* ne dérangeât le mouvement aléatoire dont nous ne pouvons être garans.

Nous croyons devoir ajouter un mot sur ce qu'on appelle hasard. Que le lecteur sache, que le hasard n'est rien, qu'il ne peut rien, que c'est un grand mot, mais vide de sens; que le hasard est incapable d'action, et qu'il n'existe que dans les cerveaux de ceux qui personifient cet être imaginaire, en lui attribuant des effets parce qu'ils n'en connaissent pas les causes, ou qu'il est au-dessus d'eux de les approfondir.

Rentrons en matière, et disons que, c'est dans les périodes éloignées que nous nous sommes fixés. Nous avons reconnu qu'on ne peut se renfermer avec sûreté dans ce cercle étroit et divergent des révolutions ordinaires ; c'est dans la sphère des observations concentriques que nous avons établi notre système où l'effet des zéros est sans force, même neutralisé, en raison du nombre de coups qu'on aura à jouer et de l'avance qu'on se sera réservée sur le retour de la chance arriérée. Nos recherches avaient donc pour objet d'asseoir des limites assez rapprochées pour rendre notre méthode praticable et efficace.

Que les joueurs trop impatiens se rassurent, ils auront souvent, et même dans de bien courtes séances, occasion de jouer, si ce n'est sur une chance, ce sera sur une autre ; ils verront toujours quelques flancs à découvert pour y porter des coups avec succès, s'ils les dirigent avec mesure.

Ainsi, entre trop de confiance et de témérité pour s'abandonner, sans réflexion, à la possibilité de réussir, ou entre des précautions poussées à un scrupule outré, il y a un milieu à prendre ; c'est ce qui a été l'objet de notre constante sollicitude.

Nos recherches nous ayant fait découvrir les limites que les chances les plus récalcitrantes ne franchissent jamais, et celles dans lesquelles on peut sans crainte encadrer son jeu, nous en avons formé deux tables que l'on trouvera ci-après ; elles donnent à connaître, savoir :

1°. Le terme de maturité majeur ;

2°. Le nombre de coups à jouer après ce terme ;

3°. Le terme utile jusqu'où les mises s'étendent ;

4°. Le maximun des retards possibles qui, étant trop rares, ne peuvent détruire la balance du bénéfice obtenu.

TABLES DES LIMITES

DE TOUTES LES CHANCES DE LA ROULETTE.

Nature des chances	Maturité majeure.	Coups à jouer.	Termes utiles.	Maximum des retards.
d'une { Colonne 1. 2. 3. Division P. M. D.	23	10	33	39
de 2 dito ,	16	8	24	30
d'une Transversale de 6 ,	45	18	63	76
de 2 dito de 6 ,	30	15	45	58
d'un carré de 4 ,	69	24	93	112
de 2 dito ,	45	20	75	94
d'une transversale de 3 ,	90	30	120	146
de 2 dito ,	60	24	84	110
de 2 numéros à cheval ,	133	41	174	212
de 2 dito ,	90	31	121	159
d'un numéro en plein ,	228	62	290	347
de 2 dito ,	181	45	226	283
de 3 dito ,	133	35	168	225

CHAPITRE V.

Maturité et limites par nature des Chances.

Les limites que nous avons fixées, et que nous avons données dans le chapitre précédent, cadrent parfaitement avec les calculs; mais l'expérience nous a encore plus particulièrement prouvé qu'un jeu, basé sur les points de maturité que nous avons déterminés, est sans contredit supérieur à toute espèce de combinaison; que s'il était possible qu'un retard extrême eût lieu, il n'en pourrait résulter de perte assez grande pour exposer la bourse du joueur; mais sa prudence le garantira de tout sacrifice inutile au détriment de ses bénéfices antérieurs.

Le nombre de coups à jouer depuis le point de maturité jusqu'au dernier coup où les tables de mises s'étendent, est suffisant pour ramener la chance tardive.

Nous donnons dans la table, d'autre part, page 40, les trois degrés de maturité, et nous ferons connaître, ensuite, par quel moyen on doit y faire son choix, en raison de la situation des chances dans laquelle celle que l'on poursuit fait partie.

Cette table indique trois points de maturité, c'est-à-dire, qu'il faut laisser passer un certain nombre de coups avant de commencer de jouer.

Elle donne ensuite le nombre de coups à jouer, d'après l'échelle fixée dans les tables des mises; elle détermine, enfin, combien il faut laisser passer de coups lorsqu'on attaque une même chance sur deux points différens, et jusqu'où l'on doit pousser les mises.

Du premier abord on pourrait croire qu'une chance attaquée sur deux points en même-temps exigerait plus d'argent que sur une seule, mais on reconnaîtra bientôt qu'il n'existe pas de différence; par exemple : une transversalle de 6, qui est portée à dix-huit coups, demande cent dix-huit masses, et deux de ces transversalles, lorsqu'on les joue en même-temps, sont portées chacune à quinze coups de soixante masses; ces deux masses réunies en forment une de cent vingt, en sorte que cette dernière masse diffère de huit de celle de cent douze; mais c'est le terme le plus près auquel on a pu la pousser. On en trouvera dans les tables qui tombent justes par appoint. (Voyez la note à la marge de la troisième table des mises n° 3.)

Ces tables de mises sont précédées d'une autre table qui fera connaître les maturités, les termes utiles et le maximum des retards, auquel il est possible que les chances puissent prolonger leur absence.

TABLE DE MATURITÉ.

Numéro d'ordre.	Nature des chances.	Termes de maturité par chance			Nombre de coups à jouer pour poursuivre une chance sur		
		mineure.	moyenn.	majeurc.	1 point.	2 points.	3 points.
1	1 col^{ne} 1. 2 3.	16	19	25	10		
2	1 div^{on} P. M. D.						
	2 col^{nes} ou div^{ons}	10	13	16	……	8 8	
3	1 transv^{lle} de 6	34	39	45	18		
	2 dito	22	26	30	……	15 15	
4	1 carré de 4	51	60	69	24		
	2 dito	34	39	45	……	20 20	
5	1 transv^{lle} de 3	64	76	90	30		
	2 dito	42	51	60	……	24 24	
6	2 n^{os} à cheval	100	115	133	41		
	2 dito	64	76	90	……	31 31	
7	1 n° en plein	190	209	228	62		
	2 dito	143	162	181	……	45 45	
	3 dito	100	115	133	……	……	35 35 35

Sur le choix entre trois degrés de maturité.

Pour opter avec jugement entre les trois degrés de maturité, il importe de jeter un regard sur les séries antérieures, et d'examiner si celles qui ont précédé l'absence de la chance qu'on se dispose d'attaquer ne seraient pas sorties trop de fois, et n'auraient pas anticipé sur celles dont il s'agit ; car alors le nouveau retard ne pouvant être que compensateur, on ne pourra se dispenser d'attendre jusqu'au terme de la maturité majeure.

Si l'on est sur les lieux, depuis trop peu de temps, pour connaître ce qui s'y est passé précédemment, il sera prudent d'attendre également cette maturité majeure, et de ne commencer son jeu qu'à ce terme.

Dans le cas où la série précédente aurait eu des apparitions rares, ou des retards extraordinaires, la maturité mineure suffira.

Mais, si l'on a remarqué un milieu ou un doute entre les situations que nous venons de décrire, ou si elle ne s'est point écartée des proportions, on peut sans inconvénient, jouer dès la maturité moyenne.

CHAPITRE VI.

Régles à suivre pour attaquer les Chances.

Lorsqu'on sera bien pénétré des principes et des règles que nous enseignons, pour les mettre à exécution, on commencera à marquer fidèlement les coups sur sa carte, d'après la manière enseignée dans le chapitre 3. Alors on observera l'effet qu'aura produit sur les chances un certain nombre de coups. On portera son attention, particulièrement, sur la chance qui avance vers sa maturité, ayant égard à la situation précédente, ainsi que nous venons de le dire au chapitre 5. On préparera ses mises afin d'être prêt à l'attaquer lorsqu'elle aura continué à rester en arrière, en se conformant à ce qui sera plus particulièrement expliqué plus bas.

Pendant que l'on poursuit une chance, on continue d'inscrire et de pointer les coups sur *la carte à marquer*, afin de ne pas laisser échapper la première occasion qui se présentera dans cet intervalle pour en profiter ; mais nous ne conseillons pas de poursuivre en même-temps plus de deux chances différentes , ou de poursuivre plus de deux semblables chances, à l'exception des numéros en plein dont on peut en jouer trois ; car alors le jeu se trouverait trop compliqué, et l'on pourrait commettre des fautes qui ameneraient avec elles des conséquences fàcheuses.

En jouant en même-temps deux chances, si une d'entre elles sort , avant que l'autre ait atteint le point de maturité qu'une seule chance exige avant de l'attaquer, il faut suspendre son jeu , et attendre le moment qu'elle y soit arrivée. Nous rendrons cette explication plus claire par un exemple. Si l'on poursuit trois numéros en plein, qui seraient le 13, le 29 et le 31 ; après cent quinze coups de retard, (*terme de maturité moyenne*), et qu'au dixième coup, le 29 sorte, il restera donc encore le 13 et le 31 à sortir ; il faut alors arrêter à l'instant même , puisque les cent quinze coups qu'on avait attendus en premier lieu , ne feraient, avec les dix autres coups, que cent vingt-cinq ; or pour deux numéros en plein, il en faut cent soixante-deux d'après la table ; donc on ne peut reprendre les deux numéros (13 et 31) qu'après trente-sept coups (si toutefois , ils ne sont pas arrivés pendant ce nouvel intervalle d'attente) , s'il en sort encore un, on agira à son égard d'après le même principe, c'est-à-dire, on ne le jouera qu'après qu'il aura resté absent, pendant cent-quatre-vingt-un coups en tout.

Ce principe est applicable à toutes les chances.

En jouant en même-temps deux chances semblables, telles que deux transversalles, deux carrés, etc., si l'une sort avant que l'autre, considérée alors comme isolée, ait atteint son point de maturité, il faut suspendre son jeu et attendre que le retard prolongé de cette chance l'ait amené vers ce terme (*de maturité*) duquel seulement on peut partir pour jouer.

Quoiqu'on continue de marquer, étant en jeu, il ne faut pas entreprendre au-delà du nombre de chances que nous avons réduit à deux; l'avance qu'on y obtiendra, en attendant le moment propice, ne nuira pas.

Des chances qui peuvent être jouées à masse égale.

Ces chances sont, savoir :
1°. Les colonnes 1, 2, 3 ;
2°. Les divisions P. M. D ;

$$(45)$$

3°. Les chances simples ;

4°. Les chances combinées.

Lorsqu'après trente-huit sorties une de ces chances a paru moins du tiers de fois de ce qu'elle aurait dû paraître, on peut la jouer; mais il ne faut pas la continuer, au cas que la somme des rentrées laisse un bénéfice, et il faut s'arrêter avant que ses retours aient compensé entièrement les retards passés. Si pendant dix-neuf coups, malgré la rareté de la chance sur laquelle on a commencé de jouer elle occasionne des pertes par une absence prolongée, alors on double la mise ; on pourrait même être obligé de la redoubler, parce que les chances étant obligées de compenser leur absence, elles ne pourront tarder à faire rentrer les déboursés avec bénéfice.

Quant aux chances combinées, on concevra aisément que s'il s'en trouvait plusieurs qui fussent, par leur infériorité en sortie, susceptibles d'être jouées, il faudra en exclure ce qui pourra s'y trouver de contradictoire ; par exemple : si deux chances combinées étaient dans cette position, comme rouge, impair et passe, avec noir, impair et passe, on ne pourrait nécessairement jouer qu'impair et passe.

Le retour des chances, arrêté antérieurement , ayant ramené l'équilibre qui avait été
suspendu, et produit le nombre de coups
de gain qu'en exigeait la compensation, on
ne doit pas chercher à l'augmenter, en continuant d'y jouer, puisque l'on aurait plus de
motifs pour en espérer un nouveau.

CHAPITRE VII et dernier.

Des Mises.

Il y a plusieurs manières de faire des mises au jeu; les principales sont : la masse égale, la martingale et la masse progressive. Il y en a encore d'autres qu'on appelle masse en avant, la martingale de Spa, etc.; elles varient suivant l'idée du joueur.

La masse égale est la plus usitée, et peut être employée utilement aux chances simples, aux chances combinées, aux colonnes et aux divisions, ainsi que nous l'avons expliqué dans le chapitre précédent.

Elle est encore fort productive, lorsqu'on joue deux colonnes ou deux divisions contre une.

Il y a des jeux auxquels une martingale poussée à deux, trois, et même à quatre coups peut convenir; nous l'avons rejetée comme désavantageuse. Mais les martingales qui vont au-delà sont toujours dangereuses. Un bon joueur n'adopte point ce mode ; car il est rare que par des rentrées partielles, quoique assurées, on parvienne à gagner l'équivalent d'un saut, qui enlève souvent dès le premier moment le dernier écu du martingaleur, et qui ne lui laisse plus ensuite le moyen de réparer sa perte. Les zéros y exercent en outre une influence directe et trop funeste.

Les mises par progression, pour lesquelles nous avons dressé des tables, sont les plus avantageuses, sur-tout lorsqu'on ne les commence qu'au coup de maturité; elles ont une grande étendue, et sont proportionnées au nombre de coups qu'une chance peut prolonger son retard. La première sortie donne un bénéfice qui varie selon son ordre de sortie; et en suivant la progression de nos tables, on a l'espoir d'obtenir un gain d'autant plus fort qu'on aura été obligé de pousser son jeu. Les gains qui s'y cumulent en peu de temps peuvent même supporter un saut; mais ce sont des évènemens fort extraordinaires et qui ne sont pas dans l'ordre des choses comme le sont ceux qui résultent de la martingale.

On trouvera à la suite de cet ouvrage les tables de mises appropriées à chaque chance. Nous y avons réglé le nombre de coups sur le retour probable de celle que l'on poursuit.

Il arrivera fort rarement que l'on soit reculé aux derniers coups, et dans un cas semblable, on se trouverait peut-être dédommagé de son inquiétude par un bénéfice supérieur à celui qu'on aurait obtenu par un retour plus rapproché.

Si les tables servent à diriger le joueur dans ses mises, elles ont encore pour objet de lui faire connaître sa situation, ainsi que la balance de ses déboursés et rentrées.

Nous avons eu soin de répéter en tête de chacune des tables, les trois degrés de maturité, dans lesquels le joueur aura à choisir, conformément aux principes donnés.

On trouvera au dépôt, rue S.-Marc, n° 17, un cahier d'un très petit format, intitulé : *Appendice à l'art du bien jouer à la roulette*, qui explique la manière de se servir des *cartes à piquer*, composées pour ceux des joueurs qui tiennent à cette habitude de préférence. Ces cartes, appropriées aux diverses chances, assez semblables pour la hauteur à celles des maisons de jeu, sont précises et sans confusion, elles ne présentent aucun appareil.

L'Appendice est terminé par un extrait des tables de mises pour chacune des chances, soit simples, soit doubles. Elles sont uniquement destinées à être employées sur les lieux.

OBSERVATIONS

SUR LES CHANCES DE LA ROULETTE,

Suivies de plusieurs méthodes particulières.

Comme les combinaisons qu'on peut former sur ce jeu, sont susceptibles de varier et de se multiplier à l'infini, qu'elles se reproduisent sous mille nuances différentes, suivant les idées toujours nouvelles des joueurs, modifiées en raison de la position heureuse ou malheureuse dans laquelle le jeu les aura placés, et d'après laquelle la fécondité de leur imagination enfante toutes sortes d'illusions, qu'ils abandonnent aussi vite qu'ils les avaient conçues, nous nous sommes bornés dans ce traité, aux chances les plus usitées, sur lesquelles nous avons dressé nos tables, ainsi que nos cartes à marquer, perfectionnées depuis l'impression de l'ouvrage. Mais le joueur intelligent saura les approprier facilement à tout autre manière de jouer qu'à celles indiquées, en donnant au titre des colonnes de sa carte, le signe ou la valeur qu'il jugera nécessaire, ou en se figurant mentalement l'objet de l'emploi qu'il voudra leur donner, si toutefois il ne s'en écarte pas essentiellement.

Nous avons pensé faire une chose agréable et utile aux joueurs, en leur communiquant quelques remarques intéressantes que nous a suggérée la grande pratique : ils pourront en prendre connaissance et nous croyons devoir les présenter à leurs yeux, car nous avons reconnu, qu'en les adoptant pour base dans les combinaisons, on en peut tirer un grand parti.

REMARQUES

Sur les 38 numéros de la roulette.

Ayant opéré sur les révolutions des chances, nous avons particulièrement observé la marche des numéros ; la concordance que nous avons toujours vue régner entre l'ordre des tirages et celui des numéros sortans, nous a frappé.

Pour nous faire comprendre, nous supposerons les tirages divisés en séries d'une colonne de nos cartes, et nous remarquerons que sur 38 sorties, successivement appelées, un tiers des 38 numéros d'ordre reste absent, avec quelques variantes, il est vrai, c'est-à-dire, qu'au lieu de 12 ou de 13 numéros, il en doit manquer le moins 10 à 12, ou 14 à 16 au plus ; mais ces différences sont rares et se réparent ordinairement pendant les tirages les plus prochains.

Ensuite des 12 numéros retardataires (terme

moyen), 6 reviennent dans le tirage suivant,
2 ou 3, dans le troisième. On pourrait alors supposer qu'à la quatrième série de 38 ou au cent-
cinquante-deuxième coup tous les numéros auraient répondu ; mais cela n'est pas rigoureusement ainsi : car un numéro ancien, quelquefois
deux, peuvent encore retarder du double, même
jusqu'au 300me coup et plus ; d'où il résulte qu'il
est dangereux de charger un seul numéro, quel-
qu'ancien qu'il soit : deux numéros très-arriérés
n'offrent guère plus de sûreté.

Nous allons indiquer quelques règles qui, ob-
servées avec discernement, restent rarement sans
résultats avantageux.

MÉTHODES.

12 NUMÉROS COMBINÉS EN PLEIN.

Si, dans les numéros restant absents au 38me
tirage, six d'entre eux forment une des transversales de 6, ou du moins deux transversales
de 3, que les 6 autres se suivent dans le cylindre;
que la colonne de la carte à marquer après 38
coups appelés, laisse les numéros vacans, et présente les vides ci-après, savoir :

la Transversale	la Section du cylindre
28. 29. 30. 31. 32. 33.	16. 33. 21. 6. 18. 31.

Jouez ces numéros en plein et à masse égale,

plaçant 2 mises sur ceux qui se répètent dans les deux parties; en cas de sortie d'un de ces 12 , mettez-y une deuxième fois, mais pas plus : barrez-les ensuite, et continuez vos mises sur les autres, jusqu'à ce qu'il n'en reste que trois, que vous abandonnerez.

Le joueur qui est en fonds peut doubler ses mises après quelque retard prolongé; mais il est prudent de revenir à la première mise aussitôt que sa dépense se trouve couverte : il faut encore savoir supporter quelque perte , en attendant une meilleure occasion , plutôt que de s'engager trop avant.

Nos *cartes à marquer perfectionnées* sont spécialement propres à ce jeu : l'ordre du tableau et celui du cylindre y sont placés d'une manière à pouvoir pointer l'un et l'autre sans peine et sans confusion, et faire connaître du même coup d'œil leur vide relatif.

DOUBLES TRANSVERSALES.

De 6 ou 12 numéros de suite.

Quoique nous ayons porté la maturité de 12 numéros à un degré plus élevé dans la table de maturité, on pourra les commencer après 10, 12 ou 15 coups de retard; le joueur a sans doute la faculté d'y anticiper, s'il a les moyens et l'intention de pousser ses mises.

Il en est de même de la répétition immédiate; ce jeu après 10, 12 ou 15 coups de retard pour les colonnes ou divisions, ou après 20, 24 et 30 coups pour les transversales des 6, peut être entrepris avec grand espoir de succès; car il se soutient d'une manière peu commune.

On ne doit, dans les deux cas, avoir égard aux zéros, ni pour les retards, ni dans le cours de son jeu.

TRANSVERSALES DE 6

combinées avec les carrés.

Quoique la distribution des numéros du cylindre soit indépendante de l'ordre du tableau, il y a cependant plusieurs chances en concordance dans les deux, ce qui donne lieu à une combinaison particulière; dans ce nombre se trouvent, savoir :

Les transversales réunies

De 7 à 12, et de 25 à 30 avec les zéros ; les numéros de ces deux transversales réunies se suivent dans le cylindre : sept d'un côté, et sept à l'opposé.

Les carrés réunis

De 2 à 6, 14 à 18, 20 à 24 et 30 à 36, y sont

également en contact, à de légères interruptions près.

Les quatre transversales ci-dessus, avec les quatre carrés, produisent des résultats très-favorables, en les alternant suivant leur ancienneté relative.

Les transversales ci-après forment un accord semblable, savoir :

1 à 6, 13 à 15, 22 à 24, 34 à 36, d'une part ; 7 à 12, 25 à 30, avec les deux zéros, de l'autre ; on peut les alterner entre elles, ou les combiner avec les premières ci-dessus.

Quant aux colonnes, celle du milieu a ses numéros dans le cylindre plus rapprochés que la première et la troisième.

Et pour les divisions, les numéros se trouvent tous dispersés ; cependant celle du milieu les a moins éloignés que les 12 derniers : 1 à 12 sont répandus dans toute la circonférence.

D'après ces dispositions, il paraît plus avantageux de fixer son choix sur la deuxième colonne : si l'on désire y réunir une division, celle du milieu est préférable.

CHANCES MARQUÉES PAR ACCUMULATION.

Pointer par *accumulation*, c'est marquer les coups sur sa carte, à commencer du haut du filet, sans laisser d'intervalle entre les points, quelque soit leur ordre de sortie. Ainsi une transversale, une colonne ou tout autre chance, eût-elle retardé de plusieurs coups, chaque sortie se pique immédiatement sous le dernier point, dans la colonne qui lui est affectée. Il en résulte que, sans vous embarrasser des retards entre eux ou de leurs figures, vous ne cherchez que le nombre réciproque de leurs points, à l'effet de les comparer pour connaître celle qui en a le moins, et qui est conséquemment bonne à jouer, si toutefois son infériorité est au degré que nous indiquerons.

Nous allons donner un exemple, pour enseigner la manière de compter ces coups, et pour en estimer le degré d'infériorité.

Pour les colonnes.

Si la première colonne a 20 points de sortie ;
La deuxième   29
La troisième   27
____
Ensemble   76

Retranchez 20, qui est le nombre de points de la première colonne, et autant de chacune des deux autres, en tout 60 de votre total : il vous en restera 16, qui est le nombre qui détermine l'infériorité de la première colonne.

Pour les transversales.

Si la première a   9 points de sortie;
La deuxième   12
La troisième   7
La quatrième   2
La cinquième   13
La sixième   8
              ———
Eusemble   51

La quatrième transversale, en y opérant de la manière ci-dessus, sera reconnue comme la plus inférieure, de 39 coups.

Or, l'infériorité étant assimilée à la maturité, la deuxième colonne est bonne à jouer, ainsi que la quatrième transversale, conformément à la table des limites et de maturité. Ce mode de marquer par accumulation est applicable à toutes les chances.

REMARQUES

Sur les chances simples.

L'ordre des figures que peuvent produire les couleurs, est plus régulier en compensation dans une certaine masse de coups, que ne le sont les numéros, et s'accorde mieux avec le calcul.

Nous prendrons à cet effet pour base le nombre de boules sorties pendant une séance de 12 heures, que nous supposerons de 2048; dans ce nombre le calcul donne, savoir :

512 coups de 1	pour 1 coup de 11	il faut 2 jours.
256	de 2	1	de 12	4
128	de 3	1	de 13	8
64	de 4	1	de 14	16
32	de 5	1	de 15	1 mois.
17	de 6	1	de 16	2
8	de 7	1	de 17	4
4	de 8	1	de 18	8
2	de 9	1	de 19	17
1	de 10	1	de 20	34

Ainsi un coup de 25 devrait arriver tous les 100 ans; mais il n'y a pas de raison que ce coup, même un plus élevé, n'arrive à la première séance.

Quelques calculateurs prétendent que ces proportions ne sont pas rigoureusement exactes; mais les vérifications que nous avons faites sur des bases les plus larges, nous ont convaincu de leur justesse.

Ce calcul peut encore servir au spéculateur : il lui fournira des données pour régulariser ses méthodes.

Nous présenterons aux joueurs quelques manières de jouer aux chances simples : elles méritent la préférence sur la plupart de celles qui sont usitées au jeu.

LA GAGNANTE.

Le tout consiste à bien savoir saisir la *ga-*

gnante, à distinguer sa naissance et son déclin : les indices en sont souvent trompeurs, mais on peut à cet effet se former des règles assez déterminantes; nous nous sommes servi avec avantage de celles ci-dessous.

Si une couleur commence à cesser ses intermittences ou ses coups hachés, et paraît se prononcer pour une seule couleur par de longues séries, attendez son premier écart avant de la suivre; mais alors attaquez - la immédiatement par son côté dominant, et continuez ainsi tant qu'elle donne. Si vous perdez le premier coup, mettez - y une deuxième fois; mais, en cas de perte, abandonnez-la. Si, malgré ce coup de deux, cette couleur reprend sa prépondérance, entreprenez-la de nouveau après son premier coup d'écart, en vous conformant à ce qui a été dit plus haut. Si vous perdez le troisième coup, vous quitterez la première martingale pour prendre la deuxième, tout en procédant à votre jeu de la même manière que vous l'aviez fait précédemment. En cas d'une continuité de perte, vous recourez à la troisième martingale : il est entendu que, si le bonheur vous favorise, et que vous rentriez dans vos déboursés, vous devez redescendre aussitôt à la première martingale.

Les martingales à employer pour jouer la gagnante d'après la méthode indiquée, sont celles ci-après :

	Première.	Seconde.	Troisième.
1er coup.	2 fr.	3 fr.	5 fr.
2me	3	5	8
3me	5	8	12

Mais quelque soit la situation de votre jeu, ne vous laissez pas entraîner dans l'espoir de récupérer la perte ; et n'adoptez pour gagnante que celle qui est bien prononcée, soit à la couleur, soit aux carrés ; passez d'une chance à l'autre, en choisissant entre les trois, celle qui paraît le mieux remplir les conditions exigées.

RÉPÉTITIONS ET INVERSES CORRESPONDANTES

Pour les chances simples.

Jouer la répétition correspondante, c'est suivre à une distance convenue la figure qui précède, soit de 10 coups, de 9 ou de tout autre nombre, c'est-à-dire, de répéter au fur et à mesure de la sortie de chacun la même couleur du coup correspondant, qui vous servira de régulateur.

L'inverse, c'est jouer la couleur opposée à celle du dixième coup précédent, et d'en suivre successivement la figure.

Ces deux figures s'appliquent aux trois chances simples ; mais il est bon de changer de type de temps en temps, c'est-à-dire, qu'au lieu du dixième coup de répétition ou d'inverse, vous adoptiez le huitième ou le septième, ou tout autre, et cela lorsque vous craignez qu'une veine favorable ne soit prête à s'épuiser; car la figure fatale pouvant vous surprendre, vous, vous devez chercher à l'éviter. Vous agirez prudemment en vous arrêtant encore de temps en temps.

On peut appliquer ces deux dispositions à deux chances, et les faire aller de pair, tel que sur *rouge* et *noir*, avec *manque* et *passe* : il y a encore moyen de réunir les trois; mais, dans ce cas, il faut des coups d'attente, pour ne pas compliquer son jeu, et pour ne jouer que la chance qui se trouve le plus en retard.

Cette explication nous conduit à une combinaison qui est la plus avantageuse de toutes celles que nous ayons reconnues; nous allons l'indiquer ci-après.

RÉPÉTITIONS ET INVERSES CORRESPONDANTES

Réunies au même jeu.

Pour mettre cette combinaison en pratique, il faut avoir une feuille à trois colonnes, une pour *rouge* et *noire*, la deuxième pour *pair* et *impair*, la troisième pour *passe* et *manque*. Vous suivez vos coups à la répétition seulement, par un jeu fictif, en marquant les coups de gain par un petit trait, et les coups de perte, par un point.

(62)

Si dans vos trois colonnes vous remarquez six coups de perte, vous commencez vos mises en continuant la répétition par la martingale, que nous trouverez à la suite de cette règle; si, au contraire, 6 coups de gain se succèdent, vous l'attaquez par l'inverse.

Cette marche, quoiqu'exigeant de l'attention, n'est ni difficile ni fatigante; elle laisse des temps de repos, et vous fait éviter la plus grande influence des zéros.

Les martingales à y employer sont à six coups. On peut les graduer d'après la table ci-après. Dans notre grande expérience sur les 40,000 coups, nous n'avons pas fait usage de cette ressource, afin de nous convaincre d'autant plus de la bonté de cette méthode si elle résiste au choc; et elle a franchi avec plein succès tous les obstacles.

MARTINGALES GRADUELLES

Pour les répétitions et inverses réunies.

1er coup.	2 fr.	3 fr.	5 fr.	
2me	4	6	10	On monte et on redescend d'une martingale à l'au-
3me	8	12	20	
4me	16	24	40	tre, d'après le prin-
5me	32	48	80	cipe indiqué p. 59,
6me	64	96	160	lig. 18.
	126	189	315	

Nous avons opéré notre vérification sur 21 séances entières et consécutives, (40,000 boules;)

mais on doit la considérer comme effectuée sur six fois autant de coups, ou 240,000; car l'ayant fait aller de pair sur les trois chances, ensuite sur la répétition et sur l'inverse de chacune, cela sextuple nécessairement ce nombre.

Si un travail de cette nature, suivi avec la plus scrupuleuse attention, s'est soutenu produisant un avantage aussi marqué, on peut avoir confiance dans la méthode que nous recommandons: le résultat en fut tel, que notre gain a été constamment du double de la perte, et que, balance faite à la fin de l'opération, notre capital, déduction des sauts payés, s'est accru de 14 fois le montant d'une martingale. En nous servant alternativement des trois martingales, d'après le procédé mentionné, notre bénéfice eût doublé; et avec les moyens et l'intention de les pousser au dixième coup, nous n'eussions pas éprouvé de saut.

Notre vérification est en outre d'autant plus précieuse, que vingt-une séances entières, successives et à la même table, doivent inspirer plus de confiance que dix fois autant de coups de boule, recueillis dans des parties de séances, interrompues en divers lieux, ou ramassées, si ce n'est infidèlement, du moins avec négligence, lesquelles réunies dans des cahiers n'offrent pas

plus de garantie qu'ils ne présentent d'authen-
ticité.

Si notre résultat a été aussi favorable, comme
nous venons d'en rendre compte, nous n'essaie-
rons pas d'en démontrer la cause; mais ici le
hasard est tellement opposé au hasard, que les
figures dangereuses devant, il est vrai, se repro-
duire à leur tour, il faut encore qu'elles se ren-
contrent à point nommé pour s'engrainer dans
et contre votre jeu.

C'est avec une véritable satisfaction que nous
faisons part de notre découverte. Le spéculateur intelligent peut la mettre en pratique de
pleine confiance, mais cela exige de l'habitude
et de la constance.

Nous aurions pu nous étendre à un plus grand
nombre de combinaisons; mais celles que nous
avons données dans le cours du traité, ont eu
particulièrement pour objet de montrer comment on doit faire marcher le jeu pour tirer parti
de toutes les situations favorables, d'indiquer
l'ordre qu'on peut y mettre, et sans effort dans
l'exécution.

Nous avons réuni peu de méthodes dans le
recueil qui fait partie du traité; mais celle que le
lecteur y trouvera nous ont paru les plus avantageuses : elles se sont soutenues dans toutes nos
vérifications, et nous sommes convaincus qu'elles

obtiendront toujours, à quelques variantes près, le succès qu'on en peut raisonnablement désirer.

Que le joueur conserve de la prudence sans timidité, de la résolution sans emportement; qu'il se pénètre bien de cette importante vérité, que, sans les préceptes que nous avons donnés, et répétés peut-être trop souvent, on ne saurait réussir au jeu, et qu'il faut renoncer à toutes les petites faiblesses de certains joueurs, abandonner les vieilles routines, méditer avant d'agir, et avec des moyens suffisans, se mettre en action avec sang-froid.

L'auteur de cet ouvrage, audacieux dans l'occasion, et cependant toujours prudent, a surmonté de grands obstacles; aussi a-t-il cueilli le fruit de ses peines et de sa persévérance. Il souhaite autant à celui qui aura le bon esprit d'imiter son exemple.

Si beaucoup de joueurs sont pénétrés de nos principes, s'ils se sont raffermis dans l'esprit de conduite à tenir, et suivi fidèlement les règles, s'ils ont obtenu des succès et nous en ont fait part, nous les en félicitons bien sincèrement; mais nous n'aurions pas la même satisfaction à espérer de ceux qui, commençant à se conformer en apparence à nos règles, les éludent, ensuite les négligent, ou qui les modifient au gré de leurs caprices; ces derniers seraient bien injustes de nous attribuer des revers que le désordre de leurs idées et leurs écarts auraient seuls occasionnés.

CONCLUSION.

Les censeurs intolérans aux yeux desquels le titre de cet ouvrage semblerait une atteinte aux mœurs, en blâmant la publication, s'écrieront : « Prétendre atténuer la passion du jeu par une voie opposée à celle qui a été présentée par des auteurs estimables, et offrir en même temps l'appât d'un gain peu légitime, est un paradoxe insoutenable, une contradiction évidente. » Parce qu'ils ne saisissent pas le véritable but de l'ouvrage, et s'obstinent à lui refuser la justice qui lui est due.

Je conviens que toute autre industrie, toute autre récréation devrait être préférée aux jeux. Je ne cherche pas à flatter une passion si funeste à la plus grande partie de ceux qui s'y abandonnent, je ne forme pas le projet d'augmenter le nombre des joueurs ; mais sans manquer aux devoirs de l'homme de bien, sans blesser les convenances sociales, je puis relever les fautes des joueurs, indiquer les moyens de s'en garantir, et leur apprendre à mettre du moins de l'ordre et de la réflexion dans un passe-temps ou spéculation auxquels les plus sages avis ne les feront pas renoncer.

On serait, à cet égard, bien barbare de lancer l'anathème contre tous les joueurs de profession ; il en existe de très-estimables sous bien des rapports, et qui rachètent cet écart par de belles qualités ; mais l'habitude du jeu est trop fortement enracinée chez eux pour qu'on puisse l'en arracher, elle est devenue leur unique délassement. Le nombre d'années depuis lesquelles ils s'y livrent, milite même en faveur de leur moralité ; car les têtes creuses et les brouillons ne s'y soutiennent guère. Pour bien jouer, il faut, outre l'usage du jeu, du jugement, du calme et un esprit d'ordre ; muni de ces qualités, ou ne s'expose pas à se jeter dans des extravagances capables de compromettre ses intérêts et quelquefois son honneur, et l'on sait se prémunir contre tout accès.

Diriger ceux qui veulent et peuvent jouer, voilà l'objet de mon traité.

Détourner du jeu ceux qui ne peuvent pas en remplir les conditions, voilà mon espoir.

Car celui qui n'a pas l'aptitude suffisante pour ce genre de spéculation, qui sera convaincu du danger auquel il s'exposerait, se déterminera, s'il a quelque prudence, à chercher dans des travaux utiles un bien-être plus certain, et trouvera

dans le sein de sa famille des plaisirs durables
qui charmeront ses loisirs ; c'est alors qu'il goû-
tera le véritable bonheur auquel un galant homme
peut et doit aspirer.

FIN.

TABLE DES MATIÉRES.

TABLES

DES MISES PROGRESSIVES

POUR TOUTES LES CHANCES

DES NUMÉROS

DE LA ROULETTE,

POUR FAIRE SUITE

A L'ART DU BIEN-JOUER.

AVIS.

Comme ce traité, intitulé l'ART DU BIEN-JOUER, doit être particulièrement un objet d'étude à la maison, ces tables, qui en sont le résultat, suffiront pour en faire l'application sur les lieux, et seront d'ailleurs plus commodes, étant du même format que les *Cartes à marquer* auxquelles on peut les joindre.

Nᵒˢ 1 et 2.

POUR LES COLONNES 1, 2, 3,

ET LES DIVISIONS P. M. D.

après 16, 19 ou 23 coups
de retard.

Numéro d'ordre.	MASSES				N. B.
	de mise à faire.	d'émission faite.	de gain du coup.	de bénéfice.	
1	1	1	3	2	Pour opter entre les 3 espèces de coups de retard, ou termes de maturité portés au titre des tables de mises, et avant de se mettre en action, il faut observer ce qui suit :
2	1	2	3	1	Lorsque, dans la série précédente à celle que l'on se propose d'attaquer, on aura reconnu que la chance que l'on attend a paru trop de fois, on ne pourra se dispenser de l'attendre à son 3ᵉ degré de maturité.
3	2	4	6	2	Si dans cette même série qui a précédé, elle a eu des apparitions rares ou des retards extraordinaires, le 1ᵉʳ degré de maturité sera suffisant.
4	3	7	9	2	
5	5	12	15	3	
6	8	20	24	4	Enfin, si ses apparitions ou ses retards ont tenu le milieu entre les deux situations qu'on vient de désigner, on pourra partir du 2ᵉ degré.
7	12	32	36	4	
8	20	52	60	8	Cette règle sur le choix entre les 3 termes de maturité, est applicable à toutes les chances.
9	32	84	96	12	
10	50	134	150	16	

N° 3.

POUR LES TRANSVERSALLES DE 6,
après 34, 39, ou 45 coups de retard.

———

Nota. Lorsque l'on joue en même-temps sur deux Transversalles de 6, on pousse les mises jusqu'à 15 coups chacune.

Numéro d'ordre.	MASSES				N. B.
	de mise à faire.	d'émission faite.	de gain du coup.	de bénéfice.	
1	1	1	6	5	Lorsqu'on poursuit une seule transversale de 6, on la pousse jusqu'au 18ᵉ coup qui est porté à 112 masses d'émission.
2	1	2	6	4	Si on joue 2 transversalles, elles exigent chacune 15 coups montant à 2 fois 60 ou à 120 masses, qui est le terme le plus rapproché des 112 masses pour 18 coups.
3	1	3	6	3	
4	1	4	6	2	
5	1	5	6	1	
6	2	7	12	5	Cette règle sur le nombre de coups auquel on doit pousser ses mises, lorsqu'on attaque deux chances semblables, est applicable aux autres chances dont on présente des tables : il ne varie que par la quotité de coups dont l'indication est marquée en tête de chacune.
7	2	9	12	3	
8	3	11	18	6	
9	3	15	18	3	
10	4	19	24	5	
11	5	24	30	6	
12	6	30	36	6	
13	8	38	48	10	
14	10	48	60	12	
15	12	60	72	12	
16	14	74	84	10	
17	17	91	102	11	
18	21	112	126	14	

N° 4.

POUR QUATRE NUMÉROS EN CARRÉ,
après 51, 60 ou 69 coups de retard.

Nota. Lorsque l'on joue en même-temps 2 carrés de 4, on pousse les mises jusqu'au 14e coup.

Numéro d'odre.	MASSES				Numéro d'ordre.	MASSES			
	de mise à faire.	d'émission faite.	de gain du coup.	de bénéfice		de mise à faire.	d'émission faite.	de gain du coup.	de bénéfice
1	1	1	9	8	13	4	23	36	13
2	1	2	9	7	14	4	27	36	9
3	1	3	9	6	15	4	31	36	5
4	1	4	9	5	16	5	36	45	9
5	1	5	9	4	17	6	42	54	12
6	1	6	9	3	18	6	48	54	6
7	1	7	9	2	19	7	55	63	8
8	2	9	18	9	20	8	63	72	9
9	2	11	18	7	21	9	72	81	9
10	2	13	18	5	22	11	83	99	16
11	2	15	18	3	23	13	96	117	21
12	4	19	36	17	24	16	112	144	32

N° 5.

POUR LES TRANSVERSALLES DE 3,
après 64, 76 ou 90 coups de retard.

Nota. Pour 2 Transversalles de 3, on pousse les mises jusqu'au 24ᵉ coup.

Numéro d'ordre.	MASSES				Numéro d'ordre.	MASSES			
	de mise à faire.	d'émission faite.	de gain du coup.	de bénéfice		de mise à faire.	d'émission faite.	de gain du coup.	de bénéfice
1	1	1	12	11	16	3	23	36	13
2	1	2	12	10	17	3	26	36	10
3	1	3	12	9	18	3	29	36	7
4	1	4	12	8	19	4	33	48	15
5	1	5	12	7	20	4	37	48	11
6	1	6	12	6	21	4	41	48	7
7	1	7	12	5	22	5	46	60	14
8	1	8	12	4	23	5	51	60	9
9	1	9	12	3	24	6	57	72	15
10	1	10	12	2	25	6	63	72	9
11	2	12	24	12	26	7	70	84	14
12	2	14	24	10	27	8	78	96	18
13	2	16	24	8	28	9	87	108	21
14	2	18	24	6	29	11	98	132	32
15	2	20	24	4	30	14	112	168	56

N° 6.

POUR DEUX NUMÉROS A CHEVAL,
après 100, 115 ou 133 coups de retard.

No ta. Pour jouer sur 2 Nos à cheval sur deux points séparés, on pousse les mises jusqu'au 31e coup.

Numéro d'ordre.	MASSES				Numéro d'ordre.	MASSES			
	de mise à faire.	d'émission faite.	de gain du coup.	de bénéfice		de mise à faire.	d'émission faite.	de gain du coup.	de bénéfice
1	1	1	18	17	22	2	29	36	7
2	1	2	18	16	23	2	31	36	5
3	1	3	18	15	24	2	33	36	3
4	1	4	18	14	25	3	36	54	18
5	1	5	18	13	26	3	39	54	15
6	1	6	18	12	27	3	42	54	12
7	1	7	18	11	28	3	45	54	9
8	1	8	18	10	29	3	48	54	6
9	1	9	18	9	30	4	52	72	20
10	1	10	18	8	31	4	56	72	16
11	1	11	18	7	32	4	60	72	12
12	1	12	18	6	33	4	64	72	8
13	1	13	18	5	34	5	69	90	21
14	1	14	18	4	35	5	74	90	16
15	1	15	18	2	36	5	79	90	11
16	2	17	36	19	37	6	85	108	23
17	2	19	36	17	38	6	91	108	17
18	2	21	36	15	39	6	97	108	11
19	2	23	36	13	40	7	104	126	22
20	2	25	36	11	41	8	112	144	32
21	2	27	36	9					

N° 7.

PROGRESSION DES MISES,

pour les Nᵒˢ en plein, après 190, 209 ou 228 coups de retard.

Numéros d'ordre.	MASSES				Numéros d'ordre.	MASSES			
	de mise à faire.	d'émission faite.	de gain du coup.	de bénéfice.		de mise à faire.	d'émission faite.	de gain du coup.	de bénéfice.
1	1	1	36	35	32	1	32	36	4
2	1	2	36	34	33	2	34	72	38
3	1	3	36	33	34	2	36	72	36
4	1	4	36	32	35	2	38	72	34
5	1	5	36	31	36	2	40	72	32
6	1	6	36	30	37	2	42	72	30
7	1	7	36	29	38	2	44	72	28
8	1	8	36	28	39	2	46	72	26
9	1	9	36	27	40	2	48	72	24
10	1	10	36	26	41	2	50	72	22
11	1	11	36	25	42	2	52	72	20
12	1	12	36	24	43	2	54	72	18
13	1	13	36	23	44	2	56	72	16
14	1	14	36	22	45	2	58	72	14
15	1	15	36	21	46	2	60	72	12
16	1	16	36	20	47	2	62	72	10
17	1	17	36	19	48	2	64	72	8
18	1	18	36	18	49	3	67	108	41
19	1	19	36	17	50	3	70	108	38
20	1	20	36	16	51	3	73	108	35
21	1	21	36	15	52	3	76	108	32
22	1	22	36	14	53	3	79	108	29
23	1	23	36	13	54	3	82	108	26
24	1	24	36	12	55	3	85	108	23
25	1	25	36	11	56	3	88	108	20
26	1	26	36	10	57	3	91	108	17
27	1	27	36	9	58	4	95	144	44
28	1	28	36	8	59	4	69	144	45
29	1	29	36	7	60	5	104	180	76
30	1	30	36	6	61	5	109	180	71
31	1	31	36	5	62	6	115	216	101

Nᵒ 8.

Tables des Mises par Progression.

POUR JOUER PLUSIEURS NUMÉROS EN PLEIN.

Pour deux numéros.
Après 143, 162 ou 181 coups.

Numéros d'ordre.	Mise sur chacun.	Émission réunie.	Gain.	Bénéf.
1	1		36	34
2	«		«	32
3	«		«	30
4	«		«	28
5	«		«	26
6	«		«	24
7	«		«	22
8	«		«	20
9	«		«	18
10	«		«	16
11	«		«	14
12	«		«	12
13	«		«	10
14	«		«	8
15	«		«	6
16	«		«	4
17	2	36	72	36
18	«		«	32
19	«		«	28
20	«		«	24
21	«		«	20
22	«		«	16
23	«		«	12
24	3	66	108	42
25	«		«	36
26	«		«	30
27	«		«	24
28	4	92	144	52
29	5	102	180	78
30	6	114	208	94
31	7	124	252	124

Pour trois numéros.
Après 105, 124 ou 143 coups.

Numéros d'ordre.	Mise sur chacun.	Émission réunie.	Gain.	Bénéf.
1	1		36	33
2	«		«	30
3	«		«	27
4	«		«	24
5	«		«	21
6	«		«	18
7	«		«	15
8	«		«	12
9	«		«	9
10	«		«	6
11	«		«	3
12	2	39	72	33
13	«		«	27
14	«		«	21
15	«		«	15
16	«		«	9
17	3	72	114	42
18	«		«	33
19	4	93	144	51
20	5	108	180	72
21	7	129	252	123

N. Les guillemets des colonnes de mise indiquent que la même mise, qui est en tête, doit être continuée jusqu'au coup où elle se trouve augmentée.

Les sommes portées dans les colonnes d'émission donnent le total des masses émises lors de l'augmentation.

Les coups de gain ne sont pas répétés tant qu'ils restent les mêmes.

No 9.

Suite des Tables des Mises par Progression,

pour jouer des chances sur deux points.

Pour deux travers. de 6.
Après 22, 26 ou 30 coups.

Numéros d'ordre	Mise sur chacune.	Émission réunie.	Gain.	Bénéf.
1	1		6	2
2	»		»	4
3	»		»	»
4	2	10	12	2
5	4	18	24	6
6	6	30	36	6
7	10	50	60	10
8	16	82	96	14
9	24	130	144	14

Pour deux carrés.
Après 34, 39 ou 45 coups.

Numéros d'ordre	Mise sur chacune.	Émission réunie.	Gain.	Bénéf.
1	1		9	7
2	»		»	5
3	»		»	3
4	2	10	18	8
5	»		»	4
6	3	20	27	7
7	4	28	36	8
8	5	38	45	7
9	7	52	63	11
10	9	70	81	11
11	13	96	117	21
12	18	132	162	30

Pour deux transvers. de 3.
Après 42, 51 ou 60 coups.

Numéros d'ordre	Mise sur chacune.	Émission réunie.	Gain.	Bénéf.
1	1		12	10
2	»		»	8
3	»		»	6
4	»		»	4
5	»		»	2
6	2	14	24	10
7	»		»	6
8	»		»	2
9	3	28	36	8
10	4	36	48	12
11	5	46	60	14
12	6	58	72	14
13	8	74	96	22
14	10	94	120	26
15	13	120	156	36

Pour 2 paires de numéros à chev.
Après 64, 76 ou 90 coups.

Numéros d'ordre	Mise sur chacune.	Émission réunie.	Gain.	Bénéf.
1	1		18	16
2	»		»	14
3	»		»	12
4	»		»	10
5	»		»	8
6	»		»	6
7	»		»	4
8	»		»	2
9	2	20	36	16
10	»		»	12
11	»		»	8
12	»		»	4
13	3	38	54	16
14	»		»	10
15	4	52	72	20
16	»		»	12
17	5	70	90	20
18	6	82	108	26
19	7	96	126	30
20	8	112	144	32

ERRATA.

Il s'est glissé des fautes dans l'ouvrage lors de son classement ; absorbé par l'objet principal de nos recherches, il nous est échappé des erreurs que nous n'avons reconnues qu'après l'impression ; nous nous empressons de les rectifier, ainsi que les erreurs typographiques que nous avons remarquées en même temps.

Page	ligne	au lieu de	lisez
7	9	et afin	à fin
9	9	j'y étais	je me trouvais
11	12	de quel-	quel
Ibid.	15	pouvant	qui peut
Ibid.	18	qui peut	à supprimer.
34	10	divergent	à supprimer.
Ibid.	11	observations	aberrations

38 Il y a eu méprise, elle pourrait induire en erreur ; à compter de la 16e ligne, on renvoie à ce sujet à la table n° 9, qui déterminera les mises à faire sur deux chances, en les attaquant ensemble.

Tables nos 3, 4, 5, 6. — Le deuxième paragraphe de la colonne d'observation, et les notes au bas des titres des Tables nos 3, 4, 5 et 6, sont également dans le cas ci-dessus, et sont à supprimer.

CARTE à MARQUER, Perfectionnée. Pour la ROULETTE. Pour 14 Coups.

1re Partie

Numéros sortans à inscrire			Série d'ordre	Num. sortés à pointer			Cylindre			
A.	B.	C.	N	a	b	c		a	b	c
			0				00			
			1				1			
			2				18			
			3				36			
			4				24			
			5				3			
			6				15			
			7				34			
			8				22			
			9				5			
			10				17			
			11				32			
			12				20			
			13				7			
			14				11			
			15				30			
			16				26			
			17				9			
			18				28			
			00				0			
			19				2			
			20				14			
			21				35			
			22				23			
			23				4			
			24				16			
			25				33			
			26				21			
			27				6			
			28				18			
			29				31			
			30				19			
			31				8			
			32				12			
			33				29			
			34				25			
			35				10			
			36				27			

2me Partie

Tableau figuré

00	0

1	2	3
4	5	6
7	8	9
10	11	12
13	14	15
16	17	18
19	20	21
22	23	24
25	26	27
28	29	30
31	32	33
34	35	36

P M D — DIVISIONS.

COLONNES. 1. 2. 3.

3me Partie

Transversales.							Colonnes				Divisions		
00 0	2 a 6	7 a 12	13 a 18	19 a 24	25 a 30	31 a 36	1	2	3	00 0	P	M	D

pour 38 coups.

4me Partie

Chances simples						Chances combinées
noir ●	rouge ○	pair ‖	impr. −	passe ↑	manq. ✓	

N.°

à 3 f. le Cahier de 20 Cartes.

en Dépôt chez Mr CHAMO

Rue St Maro, N.° 17.

N°1. Pour les Numéros en plein et les Transversales. *N°*

Par[imp]	1	2	3	4	5	6	7	8	9	10	11	12

PA: 00

N°2. Pour les quarrés et les N°s à Cheval. *N°*

COLONNES						DIVISIONS					
1	2	3	1	2	3	P	M	D	P	M	D

N°3. CHANCES SIMPLES. *N°*

noir	roug	pair	imp	passe	manq	noir	roug	par	imp	passe	manq

Coups de

Déposé à la Direction — *Chef*

à 3 f. le Paquet de Cartes.

Pr 1 N° 190. 209. 228 Coups. 4 N°s 86. 105. 124.
2 N°s 143. 162. 181. 5 N°s 77. 96. 115.
3 N°s 105. 124. 145. 6 N°s 72. 92. 110.

Pour un Cheval après 100. 115. 133 Coups.
Pour 2 Chevaux après 64. 76. 90. Coups.

Pour une Colonne ou division après 16. 19. 23. Coups.
Pour 2 Colonnes ou divisions après 10. 13. 16. Coups.

Jouer la Couleur gagnante après le 1er coup d'écart. Voyez la page 58 du Traité ou les inverses Voyez pages 60. 61. &.

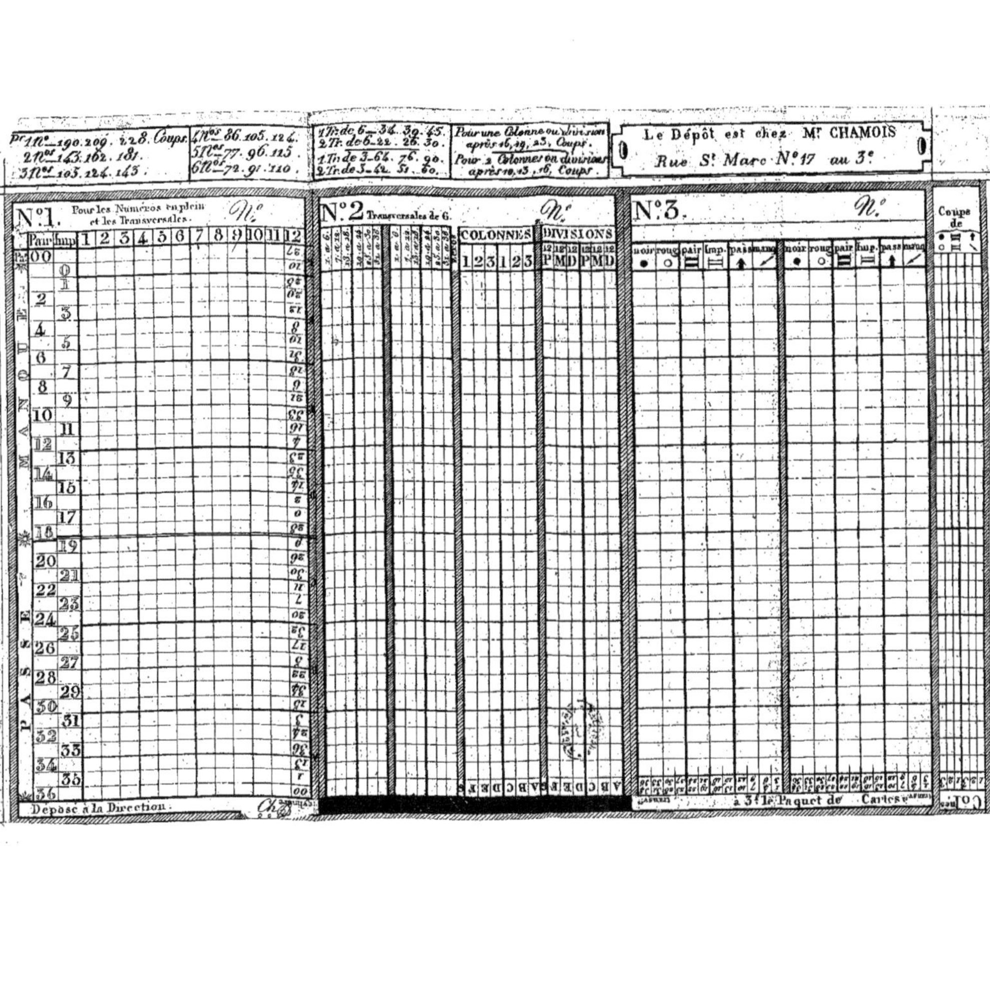

Pr 1 No 190. 209 . 228. Coups.   4Nos 86. 105. 126.   1 Tr. de 6 — 34. 39. 45.   Pour une Colonne ou division
2 Nos 143. 162. 181 .   5Nos 77. 96. 115 .   2 Tr. de 6 — 22. 26. 30.   après 16, 19, 23, Coups.
3 Nos 105. 124. 143 .   6Nos 72. 91. 110 .   1 Tr. de 3 — 64. 76. 90.   Pour 2 Colonnes ou divisions
2 Tr. de 3 — 42. 51. 60.   après 10, 13, 16, Coups.

Le Dépôt est chez Mr CHAMOIS
Rue St Marc No 17 au 3e

No 1.   Pour les Numéros en plein et les Transversales.   No
No 2.   Transversales de 6.   No
No 3.   No

COLONNES   DIVISIONS
1 2 3   1 2 3   P M D   P M D

noir roug pair Imp. passe manq
Coups de